I confini del corpo e me

Adrian Laurent

Questo libro appartiene a:

Il gioco preferito di Abi a scuola era l'acchiapparello. Ci giocava tutti i giorni.
Lei e i suoi amici giocavano ad acchiapparello ogni volta che potevano, in molti modi diversi.
Ma oggi, dopo la scuola, Tommy ha iniziato a giocare in un modo che non le piaceva.
Dopo aver trovato Abi, Tommy le fece il solletico senza fermarsi. Non le sembrava giusto.

Abi sapeva che non era giusto e che il solletico era eccessivo.
Il cuore le batteva forte e voleva sfuggire al tocco solleticante di Tommy.
Tommy finalmente smise, ma Abi continuava a provare sentimenti che non le piacevano.
Non volle più giocare e tornò a casa in bicicletta.

Abi ha raccontato a sua madre quello che è successo a scuola durante l'acchiapparello.
Le ha spiegato come questo l'abbia resa frustrata, spaventata e triste.
Sembra che Tommy abbia fatto una scelta sbagliata su come utilizzare il suo tocco.
Aveva ragione a provare questi sentimenti e sapeva che era troppo.

"Tutti noi abbiamo dei confini corporei che circondano il nostro spazio personale".

"Questi coprono tutti noi, dalle dita dei piedi fino al viso".

Potete far entrare le persone in questa bolla corporea, se lo desiderate.

Ma il vostro corpo è vostro e avete il diritto di dire no e di rifiutare.

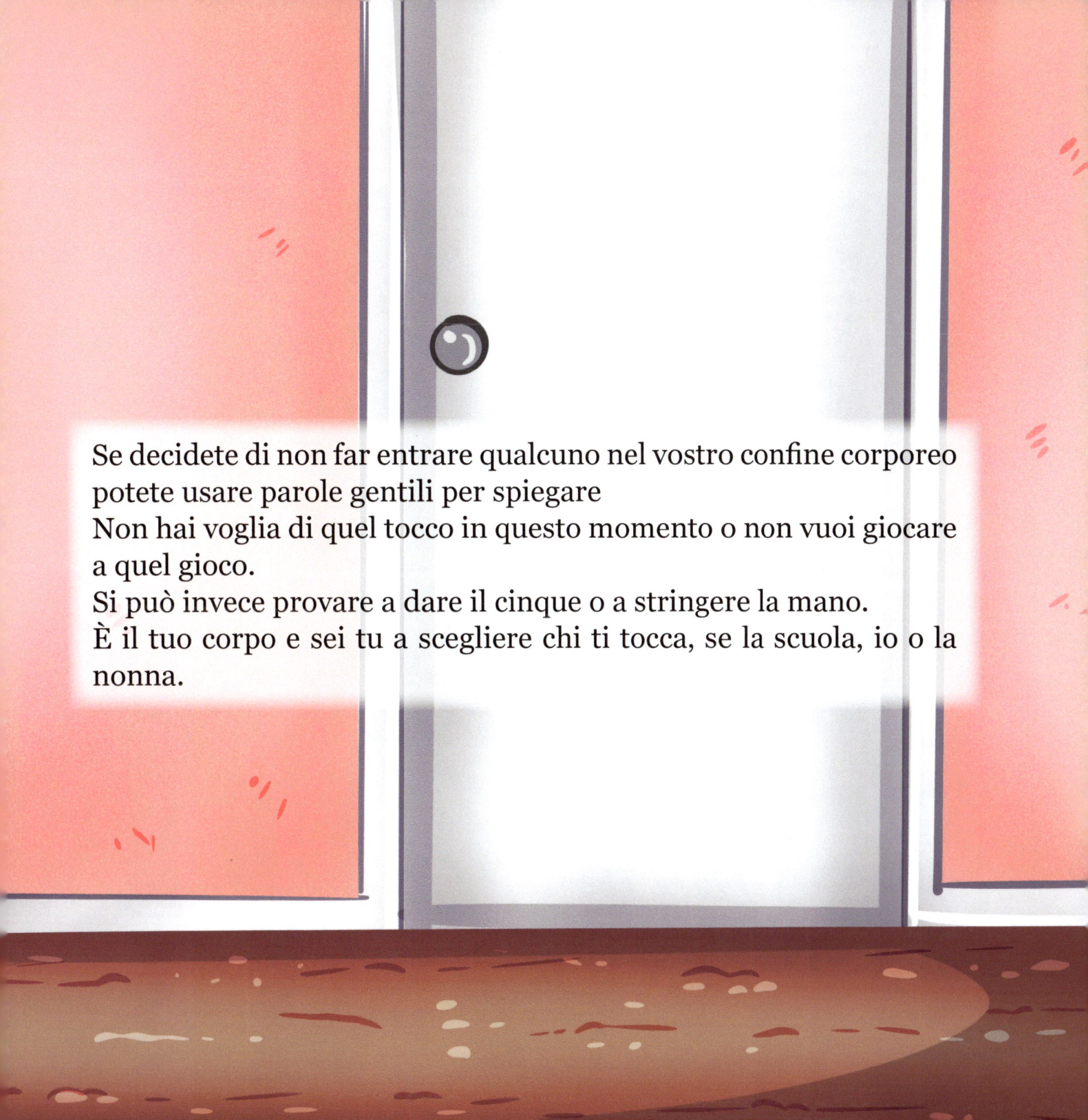

Se decidete di non far entrare qualcuno nel vostro confine corporeo potete usare parole gentili per spiegare
Non hai voglia di quel tocco in questo momento o non vuoi giocare a quel gioco.
Si può invece provare a dare il cinque o a stringere la mano.
È il tuo corpo e sei tu a scegliere chi ti tocca, se la scuola, io o la nonna.

E se glielo spieghi ma loro lo ignorano e continuano a toccarti
Potete chiedere aiuto a un adulto di cui vi fidate, come me o la vostra insegnante Mrs New
Questi adulti di fiducia sono la vostra squadra di sicurezza e contribuiscono a tenervi al sicuro.
Di solito non servono, ma sono qui per ogni evenienza.

"E il dottor White?" Abi chiese: "A volte mi tocca".

"Hai ragione", ha detto la mamma, "hanno bisogno di toccarti per esaminarti. Per loro questo è fondamentale".

"Per scoprire perché sei malata potrebbero premere sulla tua pancia".

Ma è importante. Inoltre dal Dottore sei con un altro adulto di cui ti fidi, come la mamma".

Il giorno dopo, a scuola, Abi e i suoi amici giocarono a fare acchiapparello come in una giornata normale.

Ma quando Tommy fece il solletico ad Abi, lei sapeva cosa dire.

Il solletico la metteva a disagio e così allungò la mano.

"Smettila. Non mi piace", disse con parole forti e calme, ma senza gridare.

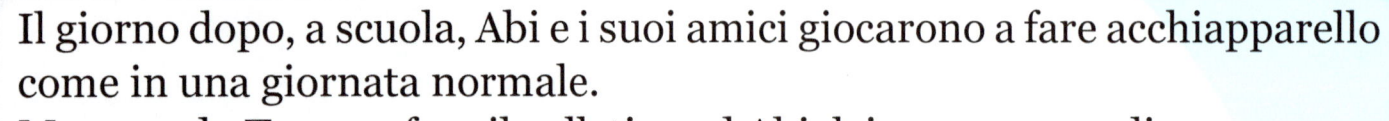

Il giorno dopo, a scuola, Abi e i suoi amici giocarono a fare acchiapparello come in una giornata normale.

Ma quando Tommy fece il solletico ad Abi, lei sapeva cosa dire.

Il solletico la metteva a disagio e così allungò la mano.

"Smettila. Non mi piace", disse con parole forti e calme, ma senza gridare.

Tommy smise subito di fare il solletico ad Abi. "Scusa, Abi", disse, "mi stavo solo divertendo".

"Non avevo capito che non ti piacesse il solletico. Non voglio fare male a nessuno".

"Capisco", disse Abi, "ma non mi piace il solletico. C'è qualcosa che potremmo provare, però!".

"Dopo avermi presa, potremmo invece darci il cinque a vicenda".

Tommy e Abi si diedero il cinque, poi sorrisero e risero ad alta voce.
Abi era stata forte e aveva spiegato a Tommy. Di questo poteva essere orgogliosa.
Hanno giocato fino al suono della campanella della scuola. Tutti si sono divertiti molto.
I bambini hanno rispettato lo spazio personale ed è stato più divertente per tutti.

Quella sera, a casa, Abi raccontò alla mamma quello che aveva fatto quel giorno.
Su come ha spiegato il suo spazio personale e il suo confine corporeo
Abi si sentiva sicura di sé e della sicurezza del proprio corpo.
Perché possiamo scegliere il rispetto e la sicurezza del corpo, qualunque sia il caso.

Spero che la storia ti sia piaciuta.

Le recensioni di fantastici lettori come te aiutano gli altri genitori a trovare questo libro e a poterlo scegliere con sicurezza.

Ti sarei molto grato se potessi dedicarmi un minuto del tuo tempo per scrivere una recensione onesta del libro.

Grazie!

Adrian Laurent

Autore di libri per bambini

CALMARE LA RABBIA
Adrian Laurent

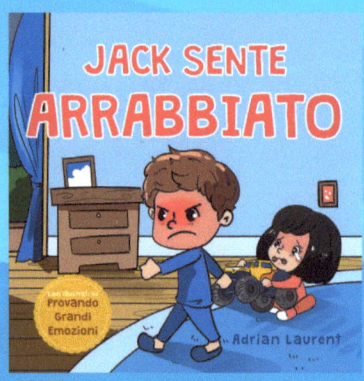

JACK SENTE ARRABBIATO
Adrian Laurent

CRESCITA DI UNA MENTALITÀ SOLIDA PER BAMBINI
Adrian Laurent

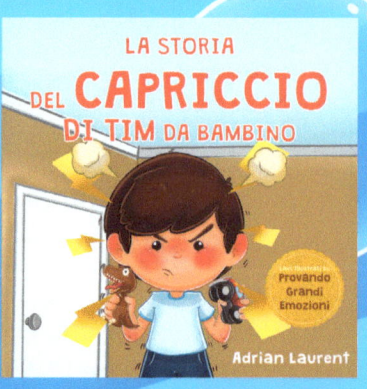

LA STORIA DEL CAPRICCIO DI TIM DA BAMBINO
Adrian Laurent

BASTA PICCHIARE, TIM!
Adrian Laurent

LIBRO SULLA SICUREZZA DEL CORPO PER BAMBINI
Adrian Laurent

LIBRO SULLA SICUREZZA DEL CORPO PER BAMBINI, DI TIM
Adrian Laurent

FRUSTRATO, ARRABBIATO E PAZZO
Adrian Laurent

LIBRO SULLA DIVERSITÀ PER BAMBINI
Adrian Laurent

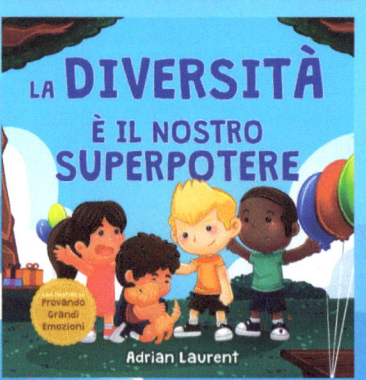

LA DIVERSITÀ È IL NOSTRO SUPERPOTERE
Adrian Laurent

LIBRO SULL'ANSIA E LA PREOCCUPAZIONE PER I BAMBINI
Adrian Laurent

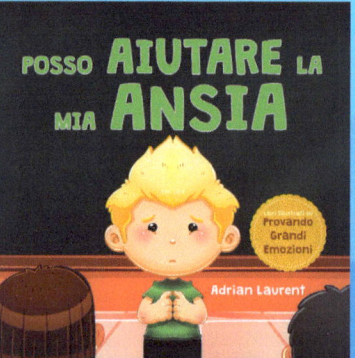

POSSO AIUTARE LA MIA ANSIA
Adrian Laurent

I CONFINI DEL CORPO E ME
Adrian Laurent

Collezionali tutti